JN436593

물결

물결

박인태 시집

세종출판사

시인의 말

물은 낮은 곳으로 흐른다. 그리고 또 다른 물을 만나 물결을 이루어 땅을 파고 산을 깎는다. 이제 물은 단순히 작은 규모를 넘어 대적할 수 없는 힘으로 세상을 만든다.

강은 물결의 또 다른 실체이다. 물결은 거스르지 않는다. 옳고 그르다는 판단도 없다. 장애가 있으며 돌아가고, 절벽이 나타나면 아래로 떨어지는 폭포가 되었다가 넓은 평야지대에서는 자유롭게 사방으로 흘러간다. 그런 강물이 흐르듯 사람의 세상을 보았다.

강에 들어가기 이전 물의 흐름대로 사람의 풍경을 보고 굽이치는 골마다 만나는 동네의 전설 같은 이야기들과 거대한 강이 폭포처럼 우렁차게 떨어지며 인간의 혼을 흔드는 광경과 어느덧 종착역 같은 강의 끝자락에서 돌아보는 사람 사는 이야기들로 풀어 보았다.

스쳐 지나가는 강물은 순간순간을 살고 있지만 사람들은 누구도 흘러가는 강물에 관심이 없다. 그렇게 한 사람의 삶도 시간의 관점에서 보면 누구의 관심도 받지 않고 흘러

가고 있었다.

스쳐가는 강물
언제나 나를 스쳐 지나가는 삶의 진실은 그러하다.
멈추지도 되돌아오지도 않는다.

강은 순수하고 아름답다.
그 속에 무엇이 있든 아름답다.

현명하고 씩씩한 이지호에게

박인태

차례

제1부
강을 따라 흘러가는 물결

제2부
물결 사람의 동네를 만난다

제3부

폭포처럼 떨어지는 물결

제4부
강어귀 고요한 물결

제1부

강을 따라 흘러가는 물결

산책

신선한 연두빛 잎새

높은 나무에도
봄이 지나간다

안개 흐르는
가로수 길을 걸으면

인연 깊은
나무들의 속삭임

오래 잊었던
친구에게 보내는 마음

사랑 함부로 하지 마세요
미움이 자라나요

미워하지 마세요
영원히 만나는 형벌에 갇혀요

3월의 문

봄의 정원에
들어서는 길

입구에 장식된
지난 겨울
한파를 이겨낸
장한 나무들
전장의 장수처럼
골격이 늠름하다

겨울은 느린 걸음으로
돌아 가며
길가에 잔설을 남기고

봄의 정원
담장 밖으로 터질 듯
밀려나오는 꽃들

문을 열면
하늘 가득 향기가 떠다닌다

꿀벌

분홍꽃
숨막힐듯 가득한 정원

미친듯이 꿀을 따는
저 꿀벌이 되고 싶다

명예 자존심
아예 모르고

달고 맛있는 꿀에
목숨 거는 인생

몰입은 즐겁다

저토록 순수한
하나의 선택에서도

삶의
사랑이 나오는구나

시계

이제 모든 것을
제자리로 돌려 놓을 때

꽃과 향기도 비우고
봄볕의 자리엔
푸른 하늘만 놓고
봄을 건널 때

모든 인연을 만나던
그때로 돌아갈 때

밤새 꽃들은 사정없이 피어나고
향기 가득한 사랑을 속삭이고 있다

지나간 망상 과거는 잊자
어떤 가슴 아픈 세월을 살았든
어떤 불행한 시간을 지나 왔든

그러나
따뜻한 심장에서 서성이는

모든게
언제나 여기에
있었던 것 같은
기시감

사랑의 인연이라는
지독한 마법의 가시에 찔렸다

이제는 잊자
다 버리고
지금 부는 바람
지금 떨어지는 햇살 속에
자신을 던져라

얼마나 황홀한가
신의 부드러운 손길들

새로움과 마주치는 신선함
시작은 지금부터다

꽃의 대화

정원 가득한 꽃들
향기로운 대화가 한창이다

봄볕에 취한
단어들이 감미롭다

장미와 튤립이 사랑에 빠진 것 같아요
아니야 장미는 나비를 더 사랑해

봄바람에 일렁이며 퍼지는
사랑 이야기들

따뜻하게 감싸 주는
애정 깊은 봄날
살아가는 시간이 아름답다

천국의 뜰에
울려 퍼지는
낮은 음성

가진 사랑이 없다면
나눌 사랑도 없다

모든 사랑의 근원은
너 자신이다

가만히 귀 기울이면 들리는
꽃향기

분쟁

사람의 세상
밝은 천지에 날마다 일어나는
하늘을 가르고 땅을 가르는 심판

진실은 항상
당사자의 호주머니 속에 있었다

너와 나, 누군지 모른다
진실은 숨겨진 암호가 되어

찾을 수도
찾았어도 풀 수 없게 되었다

우리는 엄격히 분쟁을 가른다
너 또는 나의 죄
또는 쌍방 과실

그렇지 않은 억울함은 없는가

진실은 그랬다
모두가 항상 억울하다

청춘

뜨거운 열정으로만 살았던 그 시절
사랑만이 전부였어도

불완전한 세상

떠난 자는 남은 자를 잊고
남은 자의 가슴에는 가시가 박혀
세월 가도 잊혀지지 않는다

이제는 이름조차 출렁거리는 그녀
가시도 낡아 아픔조차 희미해 졌어도

여전히 남아있는 그 시절의 눈물 나는 감정
한 폭의 정물 같았던 그 시절
언제나 꺼내 보던 마음속 동화

결국 첫 사랑이란
후회 또는 연민

두 갈래길
가지 않은 한편에 불과했다

남자의 죄

남자는 죄가 많다

처녀의 아름다움을 파괴한 죄
처녀의 꿈을 날려 버린 죄
처녀를 노예처럼 부린 죄

억압의 시절은 갔다

아이들이 어느새 성년이 되어
새로운 삶을 준비하던 날

처녀는 선녀의 모습을 되찾아
천상으로 아이들을 데리고 떠났다

오두막에 남은 남자는
그제사
자신의 신분이 나무꾼이었음을 알고
안타까운 눈물을 흘렸다

텅 빈 공간
처음처럼 그는 혼자였다

한 세월
착한 선녀는
나무꾼을 왕처럼 대접하였다
나무꾼이 왕인듯 착각할 만큼 …

나무꾼인들 왜 할 말이 없겠는가

대화를 나눌 천사를 잃어버린
나무꾼은
오늘도 실성한 듯
일인이역의 대화를 하며
거리로 나선다

아직도
꿈속에서 그는 왕이었다

혼잣말이 늘어 간다

석양

지는 해는
하루의 열정을
한꺼번에 쏟아 붓는다

도심의 화려한 빌딩을
황금빛으로 물들이는 시간

인간은 비로소 자신이 신의 자손임을
찰나적으로 깨달아
화려한 저녁을 사랑하기 시작한다

유쾌한 마음으로
그간 잊었던 사람들에게 안부를 묻고
너를 그토록 그리워했노라 고백하고
긴 밤 대화를 한다

언제 우리가 서로를
사랑하지 않았던 적이 있는가

나는 항상 너를 몹시도 애달파 했다
네가 나를 잊은 뒤에도

오랫동안 여운이 남아 있었다

찬란한 석양아래
그것이 완벽한 사랑이었음을 이해한다

그리고
빛이 사라진 어둠에 묻히듯

사랑은 그렇게 또 잊혀지고 ...

흔들림

어둠 속에서 빛이 자라난다
밝은 세상에 나가기전
어둠속에서 만들어지는 환상들

어둠은
투명한 병속에 갇힌 무한의 존재
맛도 향기도 느낌도 없는 존재

그럼에도
비바람치는 외부 세상의 인연을 안다

오묘한 삼각관계
그냥 있어도 좋고
비바람에 젖어도 좋고
사랑을 갈구하는 자는 또 따로 있다

어둠의 나는 밝음의 나와 같다
세상을 체험하는 두 개의 진리

선택하는 자와 사랑하는 자

그리고
이 모든걸 지켜보는
시간이 만들어 내는 경험

우리는 예정된 시간을 살고 있다

빛이 있으라 하니
빛이 생겨났다

진리는 없다

너와 나, 우리

– 신혼의 그들에게

1.

너와 나, 우리
머나먼 시간과 공간을 지나
오늘 만났습니다

그 동안 당신은 나에게, 나는 당신에게
잊혀지지 않는 별이 되어
언제나 서로를 비춰 주어 외롭진 않았습니다

이제 당신을 봅니다

깊은 눈동자
온 몸을 적시는 감미로운 음성
따뜻한 손길 속에서 나는 존재합니다

아름다운 추억 같았던 꿈이
오늘이 되었어요

나는 당신을 사랑합니다
오직 당신만 사랑합니다

2.

당신과 나는
서로를 바라보는 거울입니다

내가 당신이고
당신이 바로 나이기 때문입니다

우리는 진실을 알기 때문에
서로를 통해 받는 슬픔과 같은
두려움은 없습니다.

우리에겐 영원한 축복 사랑만 있습니다

우리는 한몸으로
세상을 선택하며 행복할 것입니다

나비와 꽃이 함께 하듯이
오직 사랑의 결정체로 남은
당신과 함께할 것입니다

사랑

1.

마음속에
사랑이 많은 사람이 행복하다

사랑의 빛이
그의 세상을 밝힌다

사랑의 대상이 없으면
순수한 자신부터 학대하여
몸은 병들고 마음은 우울하다

세상의 빛이
아름답게 자신을 불러도
즐겁게 맞이할 기력이 없다

어둠의 고리는 순환한다

사랑하는 이여
당신의 빛으로 나를 채워 주소서
광명 속에서 사랑을 나누게 하소서

2. 물고기 사랑

횟집
도마 위에서 펄떡이는 생선들
먼저 간 동료를 뒤 따른다

죽어 한 점 안주가 되면
사람은 또 얼마나 행복하겠는가

사랑은 오직 희생이다

펄떡이며 싱싱하게
마냥 주는 것

어쩌면
이것이 사람과 나누는
물고기만의 사랑은 아닐까

나무

나뭇가지가 휘어지는 건
두려움을 알기 때문이다
한번 꺾이면
다시 피어날 수 없음을
알기 때문이다

자신의 키 만큼 넓고 크게
땅속 깊이 뿌리를 박아 버티는 건
죽음을 알기 때문이다
한번 쓰러지면
다시 일어날 수 없음을
알기 때문이다

봄이 되면 새싹을 틔우고
새를 부르는 건
즐거움을 알기 때문이다

죽음처럼 깊은 잠보다
천국의 삶을
누리고 싶기 때문이다

꽃이 피고
열매가 맺히고
그늘이 가득한건
사랑을 알기 때문이다

외로운 시간 보다
함께 나누고 싶은 열정으로
새들과 바람과
함께하고 싶기 때문이다

위대한 자여
그대에게는 나누어 줄
무엇이 있는가

이별

기쁨만 있다면
무엇이 우릴 갈라 놓을까

사랑만 있다면
어떤 시련이 나를 흔들겠는가

가버린 인연이여

그 동안 우린 무엇으로 버텼는가

사랑
연민
애욕
우리 만남은 어떤 색이었을까

타 버린 불꽃이여

천사의 노래

우리 마음 속엔
자신만의 천사가 있다

언제나 나를 격려하여 힘을 주고
세상을 향한 사랑을 나누게 하는
나만의 천사가 있다

나는 완벽한 존재는 아니다

만족하다 불평하고
즐겁다가 분노하고
사랑하다 미워한다

그러나 나에겐 천사가 있다

언제나 온화한 미소로 나를 지키며
때로 안쓰럽게 바라보고
때로 함께 울어주고
서로의 이름을 애타게 불러주는
천사가 있다
이제 두려움은 없다

흔적

누구의 흔적일까
나뭇잎 흔들리는 건

누구의 흔적일까
애타는 그리움이 밀려오는 건

누구의 흔적일까
마음 가득 사랑이 웅성대는 건

하루를 살면서도
작은 흔적에
깜짝 깜짝 놀라는 건
내 마음을 흔들어 줄
무언가를 기다린다는
안타까움일까

인사

다녀오겠습니다

여행을 갑니다
산책을 합니다
친구를 만납니다

대화를 합니다
논쟁을 합니다
감동을 느낍니다

연인을 만납니다
사랑을 합니다
희생을 선택합니다

잠시 집을 떠나 다녀오겠습니다
그렇게 해도 될런지요
너의 선택을 누가 막겠니
너를 제지하는 건
너 자신이다

세상을 활보하는 것도
향유하는 것도 너 자신이다

아내

맑은 바람 속에
온 몸을 맞기고
순수해지자

나무를 나무답게 바라보고
꽃은 아름다움 그 자체로만 느끼고
아이의 웃음소리는
천국의 노래임도 알도록
순수해지자

어느틈에
마음엔 이토록 많은 때가 끼었을까
세상이 불편하고 불만스러운 건
내가 불만스럽기 때문이다

이제라도 조금씩
순수해지자

나의 어리석음이
너에게 얼마나 많은 불편을 주었던가

그 많은 시간을 견디어 준걸 보면
당신은 천사가 맞다

마음속 감정을
분노의 목소리보다는
눈물로 흘려 보내는
당신은 천사가 맞다

미인

그녀는 늘씬한 키와
아름다운 미소를 지닌
시원한 눈동자를 가졌다

이만하면
누구와 견주어도 아름답지 않은가

향기와 컬러로 뒤덮은
미인이란

열정에 비하면
얼마나 왜소한가

차라리 불평없는 나무를 사랑하라

청춘 2

넘치는 힘
사방으로 뻗치는 기운
거리를 가득 채운 열기
청춘들

두려움 없는 전진이란
이런 것이구나
주저하지 않는 사랑이란
이런 것이구나

서로 맞잡은 손
하나의 마음만으로도
영원히 살 것 같은
깊은 애정

청순한 느낌대로
오직 사랑만을 선택하는 힘

당신의 오늘이 아름답습니다

결혼

화려한 공간
화려한 신부
화려한 맹세

축복의 감탄사들

사랑은 얼마만큼의 거리일까

축복은 깊고
가야할 길은 멀다

두 눈
동그랗게 뜨고
지켜보는 하객들

제2부
물결 사람의 동네를 만난다

남해 보리암

1.

안개 꽃길

안개에 젖는다
몸이 젖고
눈이 젖는다

빗방울 토닥이며 떨어지자
산은 이미 사라지고
황톳길이 겨우 살아 남았다

순식간에 사라지는
친근한 정물들
하얗게 사라지자
숨소리만 살아 있다

씩씩대며 걷는다

평지인지 오르막인지
오직 숨소리만 알고 있다

하얀 세상
오직 안개만이 보인다

이따금 길옆의 고목이
갑자기 나타나기도 하였다
그럴 때마다 깜짝 놀란다

검고 육중하고 흉측하다
낯선 세상 저승사자인가
나를 헤칠 것인가
안개를 뚫고 돌진해 오는 건 믿을 수 없다

익숙하지 않기 때문이다

어디쯤인가
제대로 가고는 있는가
왜 여길 오르는가
암자에 가기 위해
암자는 무엇 때문에 가는가
신을 만나기 위해

신께 기도하고
신과 대화하고

되돌아서서 세상을 보면
먼발치 아득한 풍경 속
산과 들 그리고 사람의 마을

아름다웠다

한 폭의 산수화
천국의 정원에서 살고 있다는 충만감

머리 위 하늘은 푸르고 깊어
고요한 심연에 몸과 마음이 젖어

이내
지고지순한 엄격한 신이 된다

저 먼 인간 세상에 내려가
신의 아들로

신성한 전설과 역사를 써야하는
대단한 인간으로 다시 태어난다

그것이 산을 오르는 이유이다
유감스럽게도 안개에 갇혔지만 …

안개는 여전하다
아직도 씩씩거리는 숨소리에 의지한다

절은 어디 있는가

청량한 독경소리
안개 가득 묻혀 온다
목탁 소리 따라 떨어지는 굵은 빗방울
독경소리는 안개에 묻힌 산을 울리고
신의 졸음을 깨우며 사바세계를 덮는다

빗방울은 처마 끝 풍경을 흔들고
맑은 약수 홀로 방울방울 떨어지고
사방은 고요했다

낙숫물 소리가 없었다면
하얀 안개속 세상이
명상 하는 마음속과 같았을 것이다

- 명상 속에 있다고 소리가 없을까 만은 -

기암절벽 뒷산은 하늘로 솟구쳐
안개도 구름도 없이 선명하다
오만한 얼굴로 내려다 본다
정확히 무얼 바라보는지도 모른다
보면서도 보지 않고
느끼면서도 느끼지 않는 오만한 명상
내 너희를 가엽게 여겨 사랑하노라

음성이 끝나는 곳에
비단결처럼 내려앉은 좌우 능선들

흰 구름과
멀리 계곡까지 차오르는 안개
찬란하다

경이로운 아름다움

깊은 골 너머
안개에 덮여 보이지 않는
산너머 사람의 동네와
하늘로 솟아 구름에 둥실 떠가는
금산 보리암

천국과 사바세계를 확연히 가른다

원효대사의 바위에 앉아
부처님 보기를 원하지만
무명의 중생
눈으로는 보이지 않는다

그렇게 생각의 벽
하나를 두고
나는 이편에서 부처님은 저편에서
서로를 부르고 있었다

안타까운 기도소리들
안타까운 이별의 벽

어디로 가셨나요
너는 어디 있느냐

어릴 적 부모님의 손을 놓친
허전하고
절망적인 기분

안개속에서도 아름다운 새들은 지저귄다

처음 듣는 신비한 소리
청정한 땅에는 새소리도 맑은 색이구나

젊은 비구니 독경소리에 화답하는 듯
천지에 울린다

2.

태조의 기도가 전설이 된 암자

무슨 사연이 있었는지
누가 알겠는가
전설대로라면 큰일이다

머나먼 이 땅의 신비를 어떻게 알고
산 넘고 물 건너 와서는
피비린내 나는 죽음을 요구하였을까

신이 지으신 세상
신비롭지 않은 곳이 있겠냐만
자비로운 인간의 땅이라면

누구일까

산 목숨을 짓밟도록 허락하고
악마의 힘을 보내준 신성한 자는 누구인가

부처일까, 보살일까, 산신일까
그런 허무맹랑한 이름은 왜 필요한가

참 할일 없는 신이다

태조의 신이 있었다면
죽어간 암흑의 분노로운 복수일뿐

예나 지금이나 평화로운 산천
묵묵히 제자리를 지키며
부족함 없는 바위들
무엇이 아쉬워
불나방 같은 인간의 일에
몸과 마음을 적시겠는가

바람 한 점
스쳐 지나자
처마끝 풍경이 흔들린다

경주

1.

외로운 땅
외로운 시간

과거의 환상이
벌거벗은 공간

거대한 묏등 위에는
세월없이 자란 나무

아이들과 함께 컸어도
아이들은 떠나고

홀로
하늘을 지키고 있다

2.

시간이
바람결에 삭아가는 데는
얼마나 걸릴까

천년, 이천년의 시간이
마모되고 닳아 없어지고
없어지고 ....

기약도 없이 허무하게 사라지고

하늘만 넓어 졌다

공주 공산성

1.

이토록
작고 소담하면서도
힘찬
인간의 공간을
본적이 있으신가요

동편으로 금강을 두고
서편에는 풍요로운 광야를 배경으로

주인은
누구도 침범할 수 없는
천국의 부를 누렸다

들녘에는
이삭이 일렁이고

강에선
고기잡이 어부의 노래가 구슬프다

왕은 삼시 세끼
밥을 챙겨 먹고
부릅뜬 눈으로 사방을 살핀다

2.

들녘에서 바라보는 성은
아득하기만 하다

저토록 높은 성 안에는
무엇이 있을까

죽어가는 자의 소원
눈먼 농부의 꿈이었다

그 세상을 원하는게 아니었다
그리워서도 아니었다

다만

무엇이 있는지
천국이 무엇인지 알고 싶었다

천년, 이천년이 지난 지금도
이 땅에 사는 양민의 얼굴엔
의문이 가득하다

3.

감히 올려다 보기 어려운
성벽을 따라

큼직한 호랑나비가 날면
바람이 불었다

눈부신 금의에
섬섬옥수로 쓰다듬던 성벽은
주인 잃은 세월의 무게로 주저앉고
속절없는 바람이 야속하다

사람이 살던 공간이었다

사랑하고 사랑하던
사람들이 살던 곳이었다

4.

나비
아름다운 새소리
묵중한 고목
천년도 모자랄 것 같은
상처, 상처, 상처가

공산성에 살고 있었다

남해 독일마을

1.

남쪽 땅끝
바다건너 옹기종기
바다의 품에 안긴 섬들
구름 따라 흘러가는
그 모습만으로도
눈물 나는 풍경

그 섬 하나
또 골짜기 넘어
숨겨진 계곡위에 지은
남해 독일마을

어려운 시절 바다를 건널 수 없어
한이 많던 고향 산천
이제사 되돌아와 꽃을 심었다

그리운 목단
화려한 꽃

한 맺힌 크기만큼
커다란 꽃
문앞에 심고
집은 독일식
몸에 익은 순서대로
식탁과 잠자리를 마련한다

바람과 향기와 바다는 고향 산천
삶의 방식은 또 오래 익숙해진
독일식으로 장식한
시간이 묻어나고
이별이 묻어나는
삶의 공간

굵은 빗방울 떨어진다

아름다운
집들이 모인 독일마을
이국적 풍경에 몰린 이방인의 눈에도
벽마다 묻어나는 그리움을 느끼기나 할까

손님 없는 비오는 날
오신님 가신님 소식에 눈물이 난다

2.

외로운 바다
안개에서 피어난 비는
마을을 적시고
마당에 심은 목단꽃
큰 꽃 위에서 구르고 있었다

집집마다
바다 건너온 세월이 떨어진다

마당에 떨어지는 빗방울은
고향의 빗줄기가 아니다

산천은 그대로인데
그리운 얼굴 그리운 마음은

벌써 동네를 떠나고 없다

그리움이 떠나자
더 큰 슬픔이 밀려온다

조용히 비에 젖는 독일마을
숨죽여 울고 있다

그리움은 기억일뿐
홀로 살고 있지는 않았다

외로움은 그리움되어
소나무 숲에 숨고

대숲을 흔드는 바람결에
또 다른 외로움이 자라는 마을

경복궁

1.

왕조 사백년
양민은 살아 생전
쓴소리 단소리
다 뱉었어도

왕의 궁전 속에서
왕은 하염없이 침묵하였다

왕이 있던 공간도 침묵하고
시녀와 시종은
말없이 조용조용 행동하였다

오직
큰 문을 들어서는 신하들은
높은 목소리
자신감에 넘치는 목소리로 왕을 불렀다

넘치는 자신감 속에는
왕을 해치려는 음모

왕이 위태롭다는 단어가 항상 들어 있었다

왕은
또
침묵했다
두려워서 침묵했다

왕의 침묵 속에 주변에서는 언제나
옳고 그른 논쟁이 가득했다

왕은
또 침묵했다

양편 신하들의 목소리 속에는
자신의 죽음이 전제되어 있음을
잘 알았기 때문이다

왕의 처소는 점점 좁아졌다
신하들이 드나드는 문은
점점 커져 갔다

2. 왕의 처소

처마는 맞대이고 이어져
서로의 숨결과 속삭임이 들린다

왕은 잠드셨는가
왕은 밥을 먹었는가
왕은 지금 어디 있는가

조선팔도
넓은 땅
호령하던 목소리에 비하면
적다

좀 작다

왕의 침실

그도 나와 같은
사람이었나 보다

왕의 처소는 겸손했다

왕이 죽은 사백년 후
황궁의 문을 열어보니

단아한 왕의 처소
누우면 무르팍 정도 남는
초라한 공간

3. 근정전 마당

얼마나 많은
현명한 사람들이
음흉한 사람들이
정신없는 사람들이

근정전 마당에서
부복하였을까

얼마나 많은
평화와 행복이
여기서 조선팔도로 흘러 갔을까

누가 헤아려 보기나 했는가
왕은 왜 있어야 했는지

수로왕릉

1.

몇 천년 흘렀을까

담장 너머
봉분은 의연하다

마치
시간이 명상을 즐기는 듯
큰 봉분 소나무 구름 배경으로
가부좌를 틀고 앉아 있다

사람은 없다
포근한 겨울 한낮
햇살이 무겁게 내려 있다

2.

넓은 김해평야
제국의 기반이 되기에 충분하다

땅과 물과 사람이 어울려
기름진 곡식을 키워내고
배부른 사람들은 행복해 하며
이 땅을 지배하는
왕을 사랑하였다

바다와 이어진 포구에는
이름 모를 나라의 사람들이
아름답고 풍요로운 왕국을 찾아왔다

평화가 온 들녘에 퍼졌다

여름은 시원하고
겨울은 따뜻하게 지낼 집을 지었다

3.

수초밭 사이
이중 망루

누가 오시는가
귀빈인가
적인가
철갑 무장한 기사는 아니겠지

수초밭 사이
찌르레기, 풀벌레 소리 요란할 뿐
기척이 없다

기척이 없어도 야경꾼은 귀를 쫑긋거린다

4.

강물 넘치는 넓은 들녘
기르고 키우고
세심한 손때에 세월은 가고

개벽의 시대가 왔다

철갑 무장한 말과 군사

높은 뒷산을 넘어
이 땅의 초목을 불사른다

사람들은 무릎을 꿇어
새로운 왕을 섬겼다

5.

갈대숲 사이
찌르레기만이 땅의 역사를 알고
노래하였어도

또 다른
태평성대의 사람들은
큰 무덤을 잊어간다

또 다시
오랜 세월 지나자 나그네가 묻는다
저기 뭐꼬

또 시간이 흐르자
분봉은 알아보기 어렵게 낮아졌다

6.

어느 날에는 할매가 고추를 심기도 했다

그러나 왕의 자손은 이미
산지사방으로 퍼졌다

왕은 가까스로 봉분을 지켰다

세월이 얼마나 흘렀을까
습지, 논, 갈대, 찌르레기
모두 사라지고
왕의 처소는 아파트에 잠식되어 갔다

달동네

지독한 공간

나무조차 심는 대로
삼십년 세월은 훌쩍
지나가 버리는
시간의 저주가 서린 곳

어린 시절 고단함에
진저리 치던 사람들
어느새 다시 모여
세월이 지나 가길 기다리고

그때나 지금이나
같은 골목
같은 공터를 공유하며

아이들은 자라서 떠나고
마지막이다 다짐한 세대가
모여 살지만

이 땅의 기운은
또 다른 마지막 세대를
모을 것이다

돌아오는 사람들

연어만 회귀하는 건 아니다

인간 그리고 인연
지독한 저주
다시 만나다

달동네

제3부
폭포처럼 떨어지는 물결

빛의 세상

눈을 떠야만 세상이 보인다

나를 향한
빛의 향연

갖가지 세상의 빛이
나를 유혹한다

빛에 누가 이름을 붙였을까

산, 하늘, 강

누가 사랑을 알았을까

부모, 자식, 가족

누가 어둠을 알았을까

남자
여자

선물

선물은
마음이다

마음이
너를 선명하게 기억하고
마음속에
선물이 그려지지 않는다면
줄 수 없다

선물은
나를 향한 사랑이다

사랑의 마음이 없으면
선물도 없다

저주의 선물마저도
아직 너를 사랑하며
그리워하고 있다는
절규이자
왜곡된 사랑이다

욕구

나를 지배하는
화려한 그림

흔들리지 않는 바램

나는 너를 안다

너를 지켜 주는 것이
내가 살아 남는 방식이다

사랑의 욕구
좌절의 욕구
희망의 욕구

너의 선택은 무엇인가

너를 지탱하는 것이
욕구임을 안다면

선택도
너에게 있음을 알고 있겠지

이별

1.

인연은
사랑의 절정
완벽한 순간 헤어진다

이제사
당신을 알게 되었어요
고백하는 순간

사랑은
나비가 되어
꽃을 떠난다

눈물보다
짙은 부서짐

산산이 흩어진다

이별은
완벽한 사랑이다

2.

사랑하라
그리운 것이 있다면

죽기 살기로 사랑하라

그리움이 남았다면
아직 완벽한 사랑이 아니다

우리는 너무 많은 그리움을
안고 살지는 않는가

사랑할 시간도 없는데
그리워할 시간은 있는가

당신을 위한 축복들

한파뒤 찾아온
따뜻하고 청명한 날

오랫동안 잊고 지낸
친구 소식
짙은 커피 한잔에
그간의 시간을 타 보자

창밖은 여전히 얼어붙어
만물이 동면에 취해 있어도
햇살 가득한 탁자 위
뜨거운 한잔의 세월을 마셔보자

어둡다고
육체가 견딜 수 없을 때까지
어둠 속에 있지 말고

밝은 세상 화려한 대화
꽃피는 시간에 몸을 던지자

겨울 속에는 추위만 있는 건 아니다

옛날 선비

세상이 아무리 넓고
아름다운 경치를 가졌어도

나의 방은 한평 반

다리만 뻗으면
행복하지 아니한가
그 외는 모두 도를 넘는 사치

대쪽같은 강직한 성품이다

경전에 쓰인 대로
말하고 행동한다

성현이 말씀하신
선을 넘을 수 없다

죽을 때까지
자리를 지킨다

용궁사

1. 묵상

한때
불타는 열정으로
삶을 바치고
숨을 바치던 시절도 있었다

파도 소리에
세월은 닳아 사라지고

그 열정
그 사람 사라진 지금

법당엔
낯선 향기가 가득하다

용은 어디로 갔는가

2. 대화

청정한 명상
서슬 퍼런 눈빛

그 시절
그 열정 다 버리시고
어디로 가셨나요

언제 떠난 적 있나요
파도소리에 묻혀
서로를 알아보지 못할 뿐입니다

파도소리, 목탁소리, 사람소리

3. 진실

숨겨진 시간 속

보름달 바다에 빠지고
명상이 부서지고
닫힌 시간이 열리던 날

외치는 함성들
신을 향한 절규
나를 향해 날아오는 욕심들

철썩이는 파도 소리

너와 나
왜 여기 있을까

나에겐 힘이 필요하다

세상을 알기 위해
여행해야 할 힘

세상과 대화하기 위해
이야기 할 힘

이야기를 듣고 잘 이해하여
그들을 안아 주고 사랑해야 할 힘

현실의 굶주림과 외로움에 지지 않고
자신을 지켜
스스로 나락에 떨어지지 말아야할 힘

마음 가득한
동화같은 꿈의 나라를
현실로 만들어야할 힘

무엇보다 자신을 격려하고
사랑해 줄 힘이 필요하다

그림

그림은 이미
이야기를 시작하고 있었다

다만
그림속의 꽃들과 풍경

향기가 있는지 아닌지의 문제였다

쾌적한 향기
슬픈 향기

그림 속에서 피어나
세상으로 나오는
마른 향기들

절체절명의
위태로운 환상

인간의 조건

보이지 않는 것보다
보이는 것이 살맛 난다

어둠속에 있는 것보다
빛의 세상에서
조화로운 형상들을
보는 것이 살맛 난다

하나의 환상에 집중하여
취하는 것보다
동시 다발적으로 일어나는
환상이 좋다

꽃피고 새가 우는 세상을
절대 진리로 믿으며 살고 있다

가끔
바람 불어 나뭇잎을 흔들면

불현듯
의심이 일어나지는 않는가

시詩

1.

만물이 일으키는 소리들 …
신의 음성이다
존재한다는 외침

그로 인하여
네가 있음도 알고
내가 있음도 안다

일상의 말 한마디
단순한 의미들

시인의 손에서 다듬어져
순수한 결정체
초월적 힘을 갖는다

한편의 시는
눈물 그렁그렁하게 맺히는
해탈이다

2.

평범하면서도 평범하지 않은 단어들
하나하나 전율로 폭발한다

우리의 삶을 화폭에 담는 단어마다
너를 향한 축복의 메시지가 있다

때로 서늘하게 때로 번쩍이는 충격으로
나의 혼을 흔든다

명상하라
깊은 심연의 언어들
떠다니는 환희들

존재 너머
허공이 심한 광풍에 소용돌이 칠때

그때
연필을 들어 글을 써라

감동

심장을 두드리는 소리

환상처럼 펼쳐진
장엄한 세상
마음으로 밀려오는 환희

전율을 일으키는
인정 많은
사람 사는 이야기

눈물 젖은 눈동자
눈물 젖은 심장

우리가 사는
풍경의 이야기에

내가 스며 든다

집착

그렇구나
너를 향한 집착은
내가 만족해야 끝나는 구나

너를 만나
사랑하고
갈등하다
헤어지면
풀리는 마법이구나

너를 향한 집착은
끝이 없을 듯하더니

나의 마음에서
희미해질 때쯤
사라진다

어린 아이의 장난감처럼
기억의 구석에 던져진다

성철스님

묘한 인연

당신이 열반하시던 새벽
나는 서쪽 하늘에 뜬 무지개를 보았다

중생에게 남겨준 마지막 선물인가

청정한 빛 가득한
당신의 눈동자를 보며
많이도 물어 보았다

굳건한 자세
서슬퍼런 섬광
맑은 눈동자
번쩍이며
나를 보고 너를 본다

말없는 전언
없다
애초에 없었다

그까짓 덕지덕지 기운 가사 장삼
부귀공명
없다
애초에 없었다

동그라미 딸랑 한 개
그려 놓고 가셨다

사리
그 뭐할라꼬
법어
그 뭐할라꼬

무슨 하실 말씀이라도 …

동그라미 한 개 주시고
연기처럼 사라져
마음만 허전하다

동그라미 속에 앉아 논다

후회

아 그때
그렇게 했어야 했는데
선택하였어야 했는데

그러나
선택을 하여도
선택하지 않아도
후회는 똑 같다

어떻게 해야 후회하지 않을까

아무것도 하지 않는 것이다

그래도 세월가면
그때 선택하지 않았음을 후회할 것이다

후회는 똑 같다

영웅

잘나고 못난 사람
구별 많은 사람의 공간에서

영웅은
진실을 아는 자의 침묵에 의해 탄생한다

서먹한 눈빛 속에 서로를 용납하고
불타오르는 찬양 짜릿한 전율을 거절할 수 없다

영웅의 앞날은 어떻게 될 것인가
묻지 마라
다만 오늘이 어제가 된 뒤
찬양의 입술로 비난하거나 저주하지는 말라

진실을 모르거든 침묵하라
그가 왜 그랬는지
나의 찬송이 왜 잘못되었는지 묻지마라

차라리 외면하라
우리는 얼마나 많은 타협 속에 사는가

대화

1.

침묵 속
쨍쨍한 긴장감

초침소리 가득한 공간
외면당한 찻잔의 향기
어디로 가야할지 방황하고

서로를 향한 원망
목을 죈다

마음 돌림

꽃을 보면
꽃이 보인다

그럼에도 여전히 사투를 벌이고 있는
너의 눈과 나의 눈
누가 먼저 눈을 돌려 꽃을 볼까

꽃들은 낯선 두려움에 떨고 있다

2.

오랜 긴장 끝

나를 불러주는
작은 목소리
하나 만으로도

눈물이 쏟아질 것 같은
깊은 마음에서 나오는 감사함

당신의 말 한마디에
이토록 감격할 수 있습니다

사랑

담쟁이 넝쿨도 나무도
이 땅에 홀로 살수 없다

서로가 잔인하도록 엄격한
사랑을 잘 알고 있다

나무는 담쟁이 넝쿨이
자신을 감아 죽이는 걸 알면서도
사랑을 멈추진 않는다

우리는 서로를 향한 사랑의 매질로
상처를 주고 있지는 않은가

목숨보다 소중히
사랑한다 하면서

이해하고 수용할 수 없는 사랑을
강요하고 있지는 않는가

기다림

기다림은 축복이다
기다리는 동안

너의 생각으로
마음을 채우고
내일을 채운다

언제
이토록 깊고도
가득한 만족감에
전율해 본적 있던가

너를 기다리는 시간은

너와 나
축복의 시간이다

가던길 멈추고

한 번의 실패에 목숨 걸지 마라

가야할 길은 멀고
넘어야할 언덕은 많다

가던 길 멈추고 뒤돌아보면
아름다운 추억이어야지
마지막이 될 수는 없다

우리가 언제부터 영생을 누렸던가

우리의 삶은 찰나
순간적 성취
짧은 전율을 위해 살고 있을 뿐

그러니 살아 남은 자가 용감한 것도
전설을 만든 자가 영웅인 것도 아니다

시시각각
작은 하나를 성취하는 네가
삶의 주인이자 영웅이다

붉은 단풍

이 땅을
떠날 수 없다

어떻게 살아온 삶인데 …
마음이 서늘해진다

버리자 버리자

다짐해도

마음 비집고 나오는
무서운 인연
아쉬운 끈을 놓을 수 없다

나를 기억해주세요

죽음 같은 화려함

길 찾기

시간이 지나 가는 것은 두렵지 않다
그러나 잊혀지지 않는
과거가 반복되는 건 두렵다

어느 공간에서도 반복되는 현실들

우리의 삶은 옅은 안개낀
몽환적 분위기의 세상을 걸어간다

걸어가는 주인공조차 잠에 취한 채
꿈결처럼 세상을 느낀다

낯선 이방인은 길을 묻고
나는 익숙한 일상의 거리를 설명하며
의아해 한다

그곳에 체험을 위한
삶의 값진 무엇이 있다고 찾는지

나에게 일상인 그곳엔 아무것도 없었다
낡고 허술한 그저 그런 일상이 있었을 뿐

제4부

강어귀 고요한 물결

죄

맑은 날 길을 걷다가

바람 부는 거리에서

눈 내리는 골목 어귀에서

문득 생각나는
과거

잊어버린 사랑
잊어버린 배신

아릿한 그 시절의 죄

남자는 늘 서늘한 죄를 짓고 산다

상처

익숙치 않은 것에 대한
불편함

나는 너를 사랑하지 않는다는
비난

너와 나는 동일하지 않다는
분노

서로를 사정없이 할퀴다가

폭발적 분노는
어느 사이 봄눈처럼 사라지고

사랑에서 울려 퍼지는
깊은 후회

왜 그랬을까

심장 한쪽이 떨어지는 아픔같은
미안한 후회와
후회를 타고 떠도는 아름다운 추억들

너를 사랑한다는 확신속에서 피어나는
감동의 눈물들

모든게 사랑이었구나

신의 광명은
그렇게 사랑을 느끼게 한다

두려워 말라

빛의 세상에 왔으면
빛을 두려워 말라

체험을 위해 왔으면
체험을 두려워 말라

선택하며 즐겨라

우리를 두려움으로 이끄는
불편, 불만, 실패
그리고 희망이 사라졌다는 좌절감

버려라

최초의 빛이 신성하고 아름다웠듯이
사랑으로 선택하고 사랑으로 시작하라

두려워 말라

아픔과 쾌감은 체험의 같은 단어이다
두려워 말고 가라

대화 2

때로 즐겁고 행복한 대화
너의 목소리
마음 따뜻이 전해오고

때로 서슬퍼런 칼날이 되어
가슴에 박히며
아파해도

대화는 해야 한다

너를 알고 너를 느끼고
너의 행복 너의 아픔이
무언지 이해하고
우리는 하나가 되어야 한다
이 길이 끝나기 전에 …

오늘 헤어진다면
내일 또 만나야 한다

서로를 알고 하나가 될 때까지
지겹도록 만나야 한다

기한

세상에 기한없는 일이 있을까

꽃과 나무
나비와 벌
모두 삶의 기한이 있어도
사는 모습만큼은 기한 없이 산다

자유롭고 활기차게
최고의 환희를 기약하며 산다

그러다 기한이 도래하면
왠지 서운하고
기한없이 살아온 패기를 후회하고
사랑했던 시절도 부질없다 하며
섭섭해 한다

세상에 기한없는 일이 있을까

그런 세상 한두번 살아본 것도 아닌데
이젠 후회하지 말자

이치

그렇구나
세상에 이치는 있구나

그렇구나
해와 달처럼
목숨 걸고
사랑하는 이치가 있구나

하나로는 도저히 버틸 수 없는
세상의 이치가 있구나

빛과 어둠
늘 곁에 있어 존재조차
이름조차 잊은 것들이 나를 지킨다

나는 나를 얼마나 사랑하고 있는가
나는 나를 얼마나 알며
함께 살아가고 있는가

폐품

1.

우리도 어느 때
지극히 사랑받던 대상이었다

눈부신 시절
우리의 아름다움에 홀린 사람들은
갖은 사랑으로 아껴 주웠다

우리는 방에서 책상위에서
당당하고 오만한 자세로 존경받았다

그러나 시간은 소멸되었고
잊혀진 존재에서
버려진 애정이 되어버렸다

시간은 모든걸 파괴한다는
잊혀진 시인의 말대로

그땐 원칙을 몰랐었다
알았다 한들 무얼 선택할 수 있었겠는가

2.

그 시절
우리처럼 열정적으로 살아본 적 있는가

마음과 육신을 불태우며
처절하게 오직 사랑으로 살았다

시간은 흔적을 남기고 사라졌다

낡고 헤진 모습
열정을 불태운
남겨진 잔재는 그러했다
세월은 그러했다

어디서 찾아볼까 그럴 수는 있는가
이제 가 버렸는데
자꾸 혼잣말이 늘어간다

그 시절의 노랫말 그대 그리고 나
익숙한 노래 소리마저 지금은 없다

당신을 위한 마술

1.

기쁨을 드릴까요
슬픔을 드릴까요
아름다움을 드릴까요

무엇이든 원하는 대로
드리겠습니다

어떻게 그렇게 할 수 있냐구요

신이 주신 선물
입으로
눈으로
몸짓으로

사랑으로
만들어 드립니다

2.

나는 당신께
어떤 마술을 보여주는 사람인가요

당신은 나에게
날마다 어떤 마술을 보여주고 계시는 가요

왜 우리가 둘로 나뉘었나요
본래 한 몸 아니었나요
그때의 흔적이 아직 남아 있는데

혹시
마술을 즐기기 위해 그런건 아니지요

이름

세상에는
귀하게 불러야 하는
이름이 있습니다

마음으로 부르고
또 부르면

기쁨과 사랑이 가득한
이름이 있습니다

그 이름의 주인공은
당신입니다

사랑하는 사람

사랑하는 사람은
너무 가까이 있어도 보이지 않는다
너무 멀리 있어도 보이지 않는다

너무 가까우면 귀한 줄 모르고
너무 멀리 있으며
사랑의 감정이 희미해져 간다

서로를 사랑하는
아름다운 거리

심미 거리

한숨어린 공간

사랑하는 사람의 주변엔
채워 주어야 할 여백이 많다

바닷가

봄빛 푸르러지면
그 바다로 갈 거다
아이 손잡고 함께
세상이 얼마나 아름다운지 보여주리라

푸른 마음
고요한 숨소리로
자신을 지키는 바다와
그 바다에 기대어 사는
사람의 마을

바다의 살을 태워 만들어진
진주 알갱이 백사장

부드러운 감촉의 모래를 밟으며
삶이 때로는 이렇게 감미로울 수 있음도
알려 주리라

바다의 전령
갈매기가 날아오면
다정하게 인사하고

무섭도록 푸른 심연속엔
갖가지 삶이 있음도 알려 주겠다

바다와 하늘
구별조차 어려운 수평선 너머
뭉게구름으로 가려진 머나먼 세상

장엄한 이 세계에는
외로이 나만 있는 것이 아니라는
희망도 보여 주리라

부드러운 미풍과 바다 향기
햇살은 모래위에서 부서지고
가끔 낮게 울리는 갈매기 소리

아이 손잡고 걸으며
세상은 욕심과 다툼만이 있는건 아니다
삶의 주변에는
사랑하는 사람들의 아름다움이
가득함을 보여 주리라

주인

아침 햇살과 함께

몸과 마음에 찾아오는
일상의 손님들

나를 즐겁게 한다고 착각하는
좋은 손님

나를 화나게 한다고 생각하는
나쁜 손님

수 없는 손님이
나를 방문하고

나의 삶은
그들에게 복종하고 있다

휴일

때로 죽음보다
깊은 잠에 빠져
쉬고 싶다

사정없이 흔들리는
교회 종소리에 묻혀
나를 버리고 싶다

안개 가득한 숲속
모든 사물들이
자신을 숨기고
사라져 버리듯

정오의 시간 속으로
숨고 싶다

자기 자신조차
찾을 수 없는
깊이로 …

흔적 2

구름이 지나간 자리
바람이 지나간 자리
옅은 흔적이 남아 있다

푸른 하늘이 흔들리고
나뭇가지 흔들려
흔적을 남긴다

구름과 바람이
지나간 마음에도

허전하게
흔적이 남아 있다

세월

다시 오시나요

나를 위해
다시 돌아오실 건가요

무수한 발자국과
엄청나게 많은 눈동자가
나를 스치고 지나갔어요

나를 위해 되돌아오실 수 있겠지요

마냥
당신의 발자국 소리를 기다립니다

그것이 가능하기는 한 건가요
예측하기도
마음을 맞추고 살기도 어려워요

떠나 가는 것들

가는 것은
가는대로 두어라

나의 마음을 전하지도
의미를 알려고도 말고
그대로 두자

잠시 떨어져
쉬고 싶을 뿐이다

이생 아니면
언제 또 만나느냐고
애달파 하지 마라

누가
시간은 어디 있으며
공간은 또 어디 있는지
명확히 알겠는가

과거의 허상을 붙잡고
허우적대는 건 아닌지

물어보자

왜 그러고 있는지
나에게 묻자
그리고 놓아두자
가는 것이 아름다운 건
마지막이라는 희망 때문이다

이제 다시 만나지 않아도 좋다는 해방감
여유로운 공간을 확보했기 때문이다
우리는 날마다
새로운 여백을 꿈꾸며 산다

속마음

누구인가
이토록 먼 자리를 차지하고 있는 기억은

누구인가
끈질기게 마음에 뿌리를 내려
시시각각 분노와 사랑의 나무를
키워가고 있는 것은

마음
여기서 거기까지
너를 기다리는
너를 그리워 한다는 절규

시간의 절벽에 다다른 느낌

낭떠러지에서 떨어지는
어질어질한 충격

배려

당신을 위한 짧은 감사 한 마디
사소한 배려에 내가 흐뭇합니다

나에게도 이런 마음이 있었던가
당신에게 던지는 짧은 사랑의 말 한마디
나를 사랑하는 것입니다

당신을 잊고 사는 건
나를 잊고 사는 무의미한 시간이 됩니다

이제사 온 마음으로
자연스럽게 사랑합니다

내가 당신에게 다가가지 못한 건
사랑이 없었기 때문입니다

오직 사랑만이 나를 깨우고
내가 살 수 있는 유일한 방식입니다

당신은 어떻게 살고 계신가요

연인

1.

마냥 좋다
그냥 좋다
너를 만나면 느낄 수 있는
행복, 즐거움, 유쾌함, 여유

보기만 하여도
만족하여 배가 부르다

사랑한다
사랑한다
속삭이면
세상은 바뀌어
꿈속의 동화나라에 살며

황홀한 존재감
더 없이 빛나는 영혼이 되어

오직 둘만이 영생하는
화려한 풍경이 된다

2.

손끝에서 전해지는
전율

너의 마음이
나에게 오고 있는 시간

하나가 된 세상
몽롱하고 화사한 꿈

어쩌면
이것이 실재인지도 모른다

개미

개미의 일상은 단조롭다

개미와 차원이 다른
큰 짐승의 입장에서 내려다 보면
이른 아침 집을 떠나
주변의 농장을 산책하고
먹잇감을 발견하고
집으로 옮기고
더불어 먹고 산다

단순하다

큰 짐승이 사는 세상만큼 넓지도 않다
또한 게중에도
부지런히 움직이는 놈도 있고
친구 따라 설렁설렁 다니는 놈도 있다

누군가에겐 단순한 하루하루가
개미의 입장에서는
마치 생의 마지막 날인 것처럼
죽기로 일을 한다

엄격한 그의 삶을 살고 있다

신이 보는 우리들 또한 그렇지 아니한가

우리는 개미의 삶이 단순하다하여
그들에게 충고하진 않는다
그의 삶에 충실하도록 방해하지 않는다

신의 입장도 같을 것이다

강

지나온 물길은 거세었다
한숨처럼 뒤돌아보면
굽이치는 골마다
애정 깊은 사연도 많다

언제쯤 편히 살아볼까

두려워 마라
사람 사는 일
다 그렇다 해도
작은 바람 한 톨에도

두려워하는 사람 사는 일

이리 저리 부딪히고
즐거웠다 슬퍼해도

다 사람 사는 일이다

| 박인태 두 번째 시집 『물결』 해설 |

나무와 길 위에서 풀어보는 사람과 역사의 물결

정 영 자
(문학평론가. 한국문인협회 고문)

생명과 열정의 나무를 사계절의 다채로움 속에서 철학의 한마당으로 노래한 박인태시인은 2014년 『여기』 겨울호를 통하여 문단에 데뷔하고 첫시집 『풍경』을 통하여 이 세상의 시적화자를 깨우는 지금 이곳의 우리들 주변에서 흔하게 들을 수 있는 작은 소리를 노래하였다.

봄, 여름, 가을, 겨울 4부로 나누어 자연과 인간의 다양한 삶을 형상화시킨 박인태시인의 시는 정제되고 맑았다. 그리고 자연과 사람에 대한 사랑이었다. 그들에 대한 깊은 애정과 관심은 바람 이미지로 각인되어 깊은 철학적 사유 속에 꽃필 수 있었던 것이다. 특히 사랑에서 덤덤함까지 부부시학의 성찰은 압권이었다.

이 번에 두 번째 시집 『물결』에서도 직설적이고 편안한 이야기 방식으로 시 창작에 임하고 요설이 아닌 조용하게 흐르는 담론의 시적 긴장감으로 역사를 바탕으로 한 문화

유적지에서는 더욱 호소력 있게 표현되고 있다.

시인은 시집 서문에서 "물은 낮은 곳으로 흐른다. 그리고 또 다른 물을 만나 물결을 이루어 땅을 파고 산을 깍는다. 이제 물은 단순히 작은 규모를 넘어 대적할 수 없는 힘으로 세상을 만든다. 강은 물결의 또 다른 실체이다. 물결은 거스르지 않는다. 옳고 그르다는 판단도 없다. 장애가 있으면 돌아가고, 절벽이 나타나면 아래로 떨어지는 폭포가 되었다가 넓은 평야 지대에서는 자유롭게 사방으로 흘러 간다. 그런 강물이 흐르듯 사람의 세상을 보았다.

강에 들어가기 이전 물의 흐름대로 사람의 풍경을 보고 굽이치는 골마다 만나는 동네의 전설같은 이야기들과 거대한 강이 폭포처럼 우렁차게 떨어지며 인간의 혼을 흔드는 광경과 어느덧 종착역 같은 강의 끝자락에서 돌아보는 사람 사는 이야기들로 풀어 보았다."고 밝혀 낮은 곳으로 흐르며 지상의 산과 기슭을 흐르며 지형을 변하게 만든 물결의 자연미와 도도히 흐르는 위력을 암묵적으로 제시하며 사람의 이야기를 풀어 보았다.

1부 <강을 따라 흘러가는 물결>은 삶과 사랑, 2부 <물결 사람의 동네를 만나다>는 문화유산, 3부 <폭포처럼 떨어지는 물결>은 사람 그리고 성찰, 4부 <강 어귀 고요한 물결>은 죄와 분노, 사랑을 노래하였다.

> 나뭇가지가 휘어지는 건
> 두려움을 알기 때문이다

한번 꺾이면
다시 피어날 수 없음을
알기 때문이다

자신의 키만큼 넓고 크게
땅속 깊이 뿌리를 박아 버티는 건
죽음을 알기 때문이다
한번 쓰러지면
다시 일어날 수 없음을
알기 때문이다

봄이 되면 새싹을 틔우고
새를 부르는 건
즐거움을 알기 때문이다

죽음처럼 깊은 잠보다
천국의 삶을
누리고 싶기 때문이다

꽃이 피고
열매가 맺히고
그늘이 가득한건
사랑을 알기 때문이다

외로운 시간 보다
함께 나누고 싶은 열정으로
새들과 바람과
함께하고 싶기 때문이다
위대한 자여

그대에게는 나누어 줄
무엇이 있는가

- 박인태의 <나무> 전문

많은 시인들이 나무를 노래하는 시를 읊었다. 나무의 독자성, 혼자이지만 하늘을 향한 당당한 의연함 그리고 풋풋한 기상과 사계절의 변화 속에서 독특한 미적 라인을 남기며 인간의 삶의 철학에 닿아 있는 모습을 표현하였다. 소로우는 나무와 숲의 찬탄에 젖어 홀로 통나무집에서 강물과 사계절의 나무와 숲을 에세이로 남겼다. 환경과 생태계란 말이 나오기 전에 그는 세상과 단절된 2년의 숲속생활에서 자신의 삶을 건져 올린 것이다.

박인태의 <나무>는 가지가 휘어지는 건 두려움을 알기 때문이며 뿌리를 깊이 박는 건 죽음을 알기 때문이며 봄이 되어 새싹을 틔우고 새를 깃들게 하는 것은 즐거움을 알기 때문이라고 노래한다. 꽃이 피고 열매가 맺히고 그늘이 가득한 것은 사랑을 알기 때문인데 위대한 사람인 그대들은 나누어 줄 그 무엇을 가졌느냐는 성찰의 시이지만 푸른 서정과 맑고 청신한 자연의 싱그러움과 온화함 삶의 지혜까지를 형상화 시키는데 편안한 일상어들을 시어로 활용하고 있다. 박인태시인은 시를 읽는 독자들에게 삶의 깊이와 온도를 느끼게 하여 독자층을 확보하고 있으며, 이것은 시를 외면하는 시대의 시인들이 주목해야 할 덕목이기도 하다. 때문에 그의 시는 일단 이와 같은 이유에서도 성공하고 있는 것이다.

안개 꽃길
안개에 젖는다
몸이 젖고
눈이 젖는다

빗방울 토닥이며 떨어지자
산은 이미 사라지고
황톳길이 겨우 살아 남았다

순식간에 사라지는
친근한 정물들
하얗게 사라지자
숨소리만 살아 있다

씩씩대며 걷는다

평지인지 오르막인지
오직 숨소리만 알고 있다

하얀 세상
오직 안개만이 보인다

이따금 길옆의 고목이
갑자기 나타나기도 하였다
그럴때 마다 깜짝 놀란다

- 박인태의 <남해 보리암>에서

역사 앞에 서면 먹먹해지거나 벅차서 거대한 시간 속에 함몰된다. 그럴 경우 객관적인 먼 거리의 바라봄 혹은 느낌은 막힐 때가 있다. 이성계의 꿈이 이루어진 동기가 되고 비단산이라는 이름을 얻게 되지만 얼룩진 피의 역사를 상기시키는 <남해 보리암>에서 안개에 젖은 산사 오르는 풍경을 "산은 이미 사라지고 / 황톳길이 겨우 살아 남았다"고 형상화하며 "순식간에 사라지는 / 친근한 정물들 / 하얗게 사라지자 / 숨소리만 살아 있다"는 안개 자욱한 바다를 낀 남해 보리암의 특성을 묘사하고 있다. 이미 산도 바위도 안개 속에 사라지고 이따금 불쑥 나타나는 길옆의 고목만이 보이고 동행자의 씩씩거리는 숨소리만이 들리는 한폭의 산수화를 동적으로 형상화시키고 있다. 대체로 이럴 경우 정적인 고요를 동반하는 것이 상식인데 상식의 평범을 넘어서 시적 생동감을 불러 일으키며 지움과 나타남의 대비 속에 속계와 천계, 현실과 이상을 표현한 것이며 불변의 진리와 자연의 거대함을 동시에 녹여낸 작품이다.

세상을 알기 위해
여행해야 할 힘

세상과 대화하기 위해
이야기 할 힘

이야기를 듣고 잘 이해하여
그들을 안아 주고 사랑해야 할 힘

현실의 굶주림과 외로움에 지지 않고
자신을 지켜
스스로 나락에 떨어지지 말아야할 힘

마음 가득한
동화같은 꿈의 나라를
현실로 만들어야할 힘

무엇보다 자신을 격려하고
사랑해 줄 힘이 필요하다

- 박인태의 <나에겐 힘이 필요하다> 전문

세상에는
귀하게 불러야 하는
이름이 있습니다

마음으로 부르고
또 부르면

기쁨과 사랑이 가득한
이름이 있습니다.

그 이름의 주인공은
당신입니다

- 박인태의 <이름> 전문

시인의 자기애에 못지않게 '당신'이라는 이름에 거는 열정도 대단하다. 대체로 시인들은 속기가 보이는 자신의 권

력이나 힘의 표현을 글로 남기기를 꺼려한다. 권력 의지를 불태우면서도 어디까지 체면과 명분을 중요시하던 선비 정신이 그대로 전수되어 있는 것이다. 박인태시인은 젊은 시인도 아니면서 자기 언어에 충실하다. 젊음은 나이에 있는 것이 아니라 그 정신에 있음을 보여주는 예가 될 수 있을 것이다.

여행하고 대화하며 사랑하기 위하여 힘이 필요하다는 것은 여러 가지를 의미한다. 우리나라의 역사 문화적인 곳을 찾아 가는 여행시가 시집에 많이 보였다. 시인은 그런 과정을 통하여 육체적인 힘 이외에 물질적 정신적 힘의 축적이 필요하였으리라. 동화같은 꿈의 나라를 건설하기 위하여 자신을 격려하고 사랑해 줄 힘의 바탕은 결국 자기애에 돌아 온다. 생산적이고 창조적인 자기 세계의 구축은 결국 이 세상의 즐거움과 행복을 위한 바탕이 되는 것이다. 시인은 늘 풋풋한 미래를 열고 그대만이 아닌 나의 동화를 위하여 자신마저 사랑할 이유를 찾아야 하는 것이다. 그런 의미에서 박시인의 시의 세계는 창조적인 자신의 발견과 함께 귀하게 불러야 할 당신이라는 '이름'을 노래하는 긍정적이고 창조적인 내용으로 더욱 정갈하게 꽃피고 있다.

물결

초판1쇄 발행 2015년 9월 21일

지은이 박인태
펴낸이 이길안
펴낸곳 세종출판사

주소 부산광역시 중구 흑교로 71번길 12 (보수동2가)
전화 463－5898, 253－2213~5
팩스 248－4880
전자우편 sjpl@chol.com
출판등록 제02-01-96

ISBN 978-89-6125-934-7-03810

정가 8,000원

이 책은 저작권법에 따라 보호받는 저작물이므로 무단전재와
무단복재를 금지하며, 이 책 내용의 전부 또는 일부 내용을 재사용하려면
사전에 저작권자와 세종출판사의 동의를 받아야 합니다.

* 잘못된 책은 교환해 드립니다.